LOKALRUNDE

TRESENLYRIK SCHLÜCKCHENWEISE

Tine Wittler

Lokalrunde

Tresenlyrik schlückchenweise

Bar-Gedichte und Cocktail-Rezepte

Kadera Verlag

Tine Wittler
Lokalrunde – Tresenlyrik schlückchenweise
Illustration: Marlies Schaper
Foto Buchrückseite: Axel Kirchhof für klebefieber.de

Kadera-Verlag, Norderstedt
www.kadera.de
ISBN 978-3-944459-49-3

INHALT

Gewidmet allen Gästen der »parallelwelt«,
die mein Wirtinnendasein erst ermöglichen
und so spannend machen.

Mein Dank geht an das Team,
das mich hierbei seit Jahren liebevoll unterstützt:
Goo, Catrin, Sabine und René.
Außerdem an Verleger Günther Döscher und
Illustratorin Marlies Schaper, die dieses
kleine Bändchen zum Leben erwecken.
Und damit ebenfalls dafür sorgen, dass
– genau wie an jedem guten Tresen –
die Zeit für eine kleine Weile angehalten wird,
damit wir uns mit Schönem umgeben
und durchatmen können.

Willkommen in der »parallelwelt«!

Der Tag war lang. Vielleicht war es ein guter Tag, vielleicht ein nicht ganz so guter. Jetzt geht er zu Ende, und Sie dürfen sich zurücklehnen, die vergangenen Stunden Revue passieren lassen – oder diese ganz schnell vergessen. Wo ginge dies besser als am Tresen der kleinen Bar um die Ecke? Schummrig-rote Atmosphäre bei weichem Licht, im Hintergrund ein warmer Musikteppich, ein guter Drink vor und nette Menschen neben Ihnen; dazu eine Gastgeberin, die alles daran setzt, dass Sie sich aufgehoben fühlen – und die, wenn Sie denn mögen, die eine oder andere Anekdote aus ihrem Wirtinnendasein zum Besten gibt.

Diese Gastgeberin möchte für heute ich sein! Und lade Sie herzlich ein, mit mir am marmornen Tresen Platz zu nehmen: Kommen Sie mit auf eine lyrische Reise durch die Nacht in meiner kleinen Bar »parallelwelt«, die so heißt, weil sie genau das ist. Hier geht es nur darum, genießen zu können, die Zeit fließen zu lassen und der Nacht mit all ihren Möglichkeiten offen zu begegnen. Ich freue mich auf die Augenblicke mit Ihnen – in diesem Büchlein und, natürlich, auch im wahren Leben am Tresen der »parallelwelt«!

★ *Meine »parallelwelt bar« befand sich ein Jahrzehnt lang in Hamburg-Altona unweit des Bahnhofs. Im Jahr 2014 sind mein Team, der Marmortresen und ich nach Hamburg-Hoheluft in die Gärtnerstraße umgezogen.*

Parallelwelt

Ode an meine kleine Bar

Bei Tag, da ist sie unscheinbar,
Hockt auf der Kreuzung, ebenda –
Direkt am Bahnhof Altona.
Ist nicht romantisch, ist nicht schön.
Die, die an ihr vorübergehn,
Sie nehmen sie nicht wirklich wahr.

Doch warte, bis die Sonne sinkt!
Der Himmel voller Schwarz sich trinkt!
Das Licht sich dimmt, die Nacht verlockt -
Dann schlägt ihre große Stunde,
Sammelt jetzt in trauter Runde
Was nächtens so zusammenhockt.

Kleine Bar mit roter Seele,
Kleine Bar voll Dunst, voll Rauch,
Kleine Bar voll großer Wunder –
Und gegen Durst, da hilfst du auch.

Was sonst so gilt, das bleibt dem Tag.
Ob Looser oder Großauftrag,
Ob kleiner Mann, ob großes Schwein,
Ob schön, ob hässlich oder reich,
Am Marmortresen sind sie gleich:
Hier sind sie Mensch, hier schenkt man ein.

Hier zählt nur, was sie verbindet,
Was am Tag bei Hast verschwindet.
Was draußen ist, hier ist es nichts –
Und plötzlich wird die Welt ganz weich.
Rot und schummrig, sündengleich
Verliert man sich im Schein des Lichts.

Kleine Bar, du treue Seele,
Kleine Bar, fern vom Kommerz,
Kleine Bar, komm, lass uns schwelgen –
Dir gehört mein Säuferherz!

NEGRONI

Tumbler, Eiswürfel

2 cl Gin
2 cl Campari
2 cl Vermouth (z.B. Martini) Rosso

shaken und auf Eiswürfel abseihen

Wer ihn »länger« mag,
verdoppelt einfach die Zutaten!

Je nach Geschmack mit Orangen-
oder Zitronenscheibe garnieren

**Der klassische Aperitif
für den Start in den Abend**

★ *In vielen Jahren habe ich es noch nie erlebt, dass im Laden zum Schichtbeginn wirklich ALLES stimmt. Etwas fehlt, ist plötzlich kaputt oder nicht an Ort und Stelle. Irgendwas is halt immer! Aber man gewöhnt sich dran…*

Irgendwas is immer

Über den Alltag in einer Bar

Das Bier ist aus,
Der Müll muss raus.
Limetten riechen,
Fliegen siechen.
Nachbarn stänkern,
Zoff mit Bänkern.
GEMA-pflichtig,
Aber richtig.

Sitz zerschlissen,
Klo beschissen.
Das Licht ist aus,
Kein Strom im Haus.
Musik zu leise –
Abschnittweise.
Die Kasse spinnt,
Die Zeit verrinnt.

Kellner kommt nicht,
Keine Dienstpflicht.
Das Ordnungsamt
Schimpft insgesamt.
Steuersachen
Auch noch machen.
Band versorgen,
Kleingeld borgen.

Kühlanlage
Hat ne Frage.
Cocktails mixen,
Hand aufschlitzen.
Eisbereiter
Macht nicht weiter,
Kaffeekanne
Hat ne Panne.

Pfand vergüten,
Flöhe hüten.
Rauchautomat
Ist auch malad.
Stammgast Nicole
Ist schon jetzt voll,
Kotzt sich leider
Auf die Kleider.

Um fünf Uhr früh –
Ein End der Müh.
Der letzte raus
Und aus die Maus.
Doch kein Trara,
Bald geht es ja
Wie üblich heiter
Wieder weiter.

COLLINS

Longdrinkglas, Eiswürfel

5 cl Gin

frisch gepresster Zitronensaft einer halben Zitrone
(oder die halbe Zitrone im Glas stampfen)

3 Teelöffel Rohrzucker gut verrühren,
mit Mineralwasser auffüllen

Zitronenscheibe, langer Strohhalm

**Bleibt auch bei (arbeitsbedingten?)
Trink-Unterbrechungen
frisch und spritzig!**

★ *Am Tresen jeder kleinen Bar finden sich Paare, gehen ein Stück des Weges gemeinsam – länger oder kürzer – und trennen sich wieder. Auch meine »parallelwelt« war ehestiftend. Die Ehe hält bis heute – toi, toi, toi!*

Liebesreigen

Wenn die mit dem und der mit der,
Das Herz weit auf, die Zunge schwer,
Ist die Erkenntnis meist nicht weit:
Heißa, es ist Paarungszeit!

Es ist vorbei, seufzt Ex-Freund Frieder
Und schielt schon zu C-Punkt rüber.
Wie süß, raunt Stammgast B zu Zett –
Und D find't erstmal alle nett.

Liebesreigen vor dem Tresen
Liebesreigen an der Bar
Liebesreigen, zeigst dein Wesen
Hier ganz unverblümt und klar

Sie hat gesagt, nein, er hat wieder –
Jeden Tag die gleichen Lieder.
Und befreit sind alle Triebe,
Hoch erfreut klont sich die Liebe.

Wandert mal von hier nach da,
Vielleicht zurück im nächsten Jahr,

Bleibt niemals an Ort und Stelle:
Heißa, rolle, Liebeswelle!

Liebesreigen vor dem Tresen
Liebesreigen an der Bar
Liebesreigen, kaum genesen
Ist der nächste Typ schon da

Nur die Wirtin seufzet leise
In die polierten Gläser rein,
Denn durch diese Art und Weise
Bleibt sie am besten doch allein.

Kennt die Regeln, hat den Ratschlag,
Weiß ganz genau, wie Liebe geht –
Nur in ihrem eignen Alltag
Als Single ihren Mann sie steht.

Frau Wirtin, dass nichts offenbliebe,
tröstet, kuppelt, hält sich wach.
Ihre einz'ge große Liebe
wartet in ihrem Nachttischfach!

MINZ-MARIE

Longdrinkglas, Crushed Ice

4 cl Kahlua
2 cl Peppermint Sirup

mit Crushed Ice und Prosecco auffüllen

Langer Strohhalm und Holzspieß

Gern mit einem Blättchen »After Eight«
und/oder frischer Minze garnieren

**Sündhaft
wie eine frische Liebe!**

★ Früher war die »Goldene Säule« ein tragendes Element der »parallelwelt« - unübersehbar mitten im Weg. Jetzt erinnert die goldene Wand hinterm Tresen an dieses Symbol der Unvergänglichkeit und Diskretion.

Die Goldene Säule

Unverwüstlich steht sie da,
Zeigt bis heute keinen Riss.
Tag um Tag und Jahr für Jahr,
Stütze und doch Ärgernis.

Ist Geschichte, Chronik, Zeit,
Zeugin für den Hausgebrauch,
Erbe und Vergangenheit,
Und ein Bein stell'n kann sie auch.

Goldene Säule,
Was hast du geseh'n?
Goldene Säule,
Was kannst du erspäh'n?
Goldene Säule,
Betont königlich.
Goldene Säule,
Wir dreh'n uns um dich.

Sie rührt sich nicht,
Bleibt still und stumm,
Hat die beste Position.
Ständig Drama um sie rum
Und doch voller Diskretion.

Jede Regung kennt sie schon:
Scherben, Tragik, Liebespfeil.
Außen merkt man nichts davon,
Doch sie denkt sich ihren Teil.

Goldene Säule,
Du hast viel geseh'n.
Goldene Säule,
Du wirst das versteh'n:
Goldene Säule,
Amüsier dich, klar!
Doch goldene Säule,
Bitte schweig – immerda.

GOLDEN COLUMN

Tumbler, Eiswürfel

Glasrand mit einem
Zitronenachtel abreiben/benetzen

5 cl Gin
1 cl LICOR 43

mit Eiswürfeln shaken und
auf Eiswürfel ins Glas abseihen

mit Ginger Ale auffüllen

Zitrone und ggf. Cocktailkirsche zur Deko

**Für goldene Zeiten
in der Dämmerung!**

★ *Für eine Bar ohne »Draußen-Plätze« ist die »Gelbe Sau« geschäftsschädigend! Die neue »parallelwelt« hat zum Glück auch eine Terrasse – und das gefällt sogar mir, die ich als Nachteule die Dämmerung liebe.*

Die Gelbe Sau

Das gelbe Ding am Himmel oben:
Sonne nennt man's, ganz genau.
Ich hingegen bin verschroben
Und rufe es die Gelbe Sau.

Gesetz und Last und Kampf und Plage –
Das gehört zum Sonnenschein.
Das berührt mich nur am Tage!
Bei Nacht darf nur die Lust herein.

Gelbe Sau! Mach dich vom Acker!
Gelbe Sau! Verfatz dich doch!
Gelbe Sau! Du hältst dich wacker!
Doch uns're Stunde kommt schon noch.

Die Sonne scheint!, schrei'n alle Leute:
Oh mein Gott, wie ist das schön!
Ich bin keine leichte Beute –
Vermag die Schönheit nicht zu seh'n.

Wenn sie erblüht, die Gelbe Sau,
Frau Wirtin weiß: Heut wird es mau.
Weil keiner mehr die Bar dann kennt,
Stattdessen in den Beach Club rennt.

Gelbe Sau! Mach dich vom Acker!
Gelbe Sau! Verfatz dich doch!
Gelbe Sau! Du bist ein Schnacker!
Verpass dir noch ein Einschussloch.

So seufz ich schlapp mich durch den Juno.
Juli und August – Spaß? Iwo!
September ist die Freude groß:
Die Gelbe Sau muss dann bald los.

Doch leider kommt sie bald schon wieder,
Ja, so geht es auf und nieder,
Ich sag es ja: Die Gelbe Sau
Ist schlichtweg keine Businessfrau.

Gelbe Sau! Mach dich vom Acker!
Gelbe Sau! Lass mich in Ruh!
Gelbe Sau! Lass das Geflacker!
Du bist eine blöde Kuh.

SONNE IM GLAS

Longdrinkglas, Eiswürfel

2 cl Bailey's
2 cl Gin
2 cl brauner Tequila
8 cl Apfelsaft
8 cl Orangensaft

shaken und auf Eiswürfel geben

Langer Strohhalm,
Orangenscheibe zur Dekoration

ACHTUNG –
Sonnen»brand«gefahr!

(schmeckt aber auch im Winter)

★ *In jeder kleinen Bar trifft man sie. Meist Männer, am Tresen. Sie schweigen, gucken. Man weiß nicht, wohin. Und wenn sie zu späterer Stunde doch etwas erzählen, weiß niemand, ob es Wahrheit ist oder Fantasie …*

Verlorne Seelen

Ihr seid zuhaus hier an der Bar,
Hockt gerne still und leise da,
Trinkt euren Wein, seufzt in den Rum,
Die meiste Zeit, da bleibt ihr stumm.

Ihr wisst genau, wovor ihr flieht,
Habt diesen Blick, der traurig sieht,
Ein bisschen Trotz, ein bisschen Gram,
Seid ganz privates Melodram.

Verlorne Seeln am Marmortresen,
Ihr kommt, ihr geht, ihr seid gewesen,
Seid nie ganz da und nie ganz fort
Und sucht nach der Gesamtantwort.

Mal Philosoph, mal Weltenretter,
Mal Zauberer und mal Trendsetter,
Mysteriös nur in der Nacht,
Und das Geheimnis ausgedacht.

So sitzt ihr da und bleibt allein.
Rund um euch rum sind sie zu zwei'n.
Ihr teilt den Weizen von der Spreu.
Dem »lonesome cowboy« bleibt ihr treu.

Verlorne Seeln am Marmortresen,
Ihr kommt, ihr geht, ihr seid gewesen,
Seid nie ganz da und nie ganz fort,
Sucht überall an jedem Ort.

Verlorne Seeln am Marmortresen,
An euch wird nicht die Welt genesen.
Doch das ist ja nicht unser Bier:
Wir haben euch ganz gerne hier!

OLD FASHIONED

Tumbler, Eiswürfel

5 cl Bourbon- oder Rye-Whisky

1 Stück Würfelzucker
einige Spritzer Angostura
2 cl stilles Wasser

Würfelzucker im Tumbler
mit dem Angostura tränken,
das Wasser dazugeben und mit Eiswürfeln füllen

Whisky hinzu und gut rühren

Dekoration mit Cocktailkirsche
und halber Orangenscheibe

**In einem »Old Fashioned«
kann man sich
wunderbar verlieren!**

★ *Auch diese Typen sind in jedem gastronomischen Betrieb zuhause. Aber was soll ich sagen, irgendwie wachsen sie einem über die Jahre ans Herz. Und wenn sie sich entschieden haben, bleiben sie einem ewig treu ...*

Schmarotzer-Tango

Du gehörst zum Inventar:
Gibt's was zu feiern, bist du da.
Unsre Uhrn stelln wir nach dir,
Die Tür geht auf, kaum sind wir hier.

Du brauchst immer irgendwas:
'nen Rat, zwei Bier, manchmal nur Spaß.
Doch was du uns zu geben hast,
Hat in die Kasse nie gepasst!

Schmarotzertango – tanzt du gut
Schmarotzertango – hast's im Blut
Schmarotzertango – virtuos
Schmarotzertango – du musst los.

Kommt die Runde mal auf dich,
Dann bist du klamm, uns wundert's nich.
Hast nix im Hut und nix auf Tasch,
So erklärst du meistens lasch.

In deiner Büx nur Stacheldraht –
Und auch sonst nix auf der Naht.
Ach, mehr von dir – wir wär'n längst weg,
Doch du säßt' dann wohl schlicht ums Eck.

Schmarotzertango – tanzt du gut
Schmarotzertango – hast's im Blut
Schmarotzertango – virtuos
Schmarotzertango – du musst los.

Und doch reich ich dir gern dein Glas,
Bist du nicht da, dann fehlt uns was.
Bist Ritual, bist gute Show,
Verleihst dem Laden seinen Glow.

Also komm rein und tanz drauflos,
Ja, komm herein auf Mamas Schoß.
Doch eine Bitte, die muss sein:
Tanz deinen Tango nur allein!

EIMSBUSH MULE

Longdrinkglas, Crushed Ice

2 cl frischer Limettensaft
oder zerstoßene Limette
4 cl Wodka
3-4 Zesten Salatgurke

mit Ginger Ale auffüllen

Langer Strohhalm, Holzspieß

Wer es besonders frisch mag,
kann die Hälfte der Gurkenzesten
bereits am Glasboden zusammen
mit der Limette zerstoßen

**»Moscow Mule«
in bodenständiger Version
für alle, die knapp bei Kasse sind ...**

... und trotzdem stilvoll trinken wollen!

★ Die »parallelwelt« huldigt auch in ihrer Musik-Zusammenstellung den alten Zeiten: Hier legt der DJ noch echte Vinylscheiben auf. Mit kleinen Kratzern und Rauschen – einfach wunderbar!

Hey Mr. DJ

Du bist Musik auf uns're Ohren:
Mal Jazz, mal Pop aus allen Rohren,
Den ganzen Laden fest im Griff.
Mit Beats oder Gitarenriff
Verzauberst und verärgerst du,
Spielst mal die Bude leer im Nu
Oder lässt uns freudig beben,
Deinem Sound sind wir ergeben.

Hey Mr. DJ – spiel's nochmal!
Hey Mr. DJ – Damenwahl!
Hey Mr. DJ – Rock'n'Roll!
Hey Mr. DJ – auch in moll.

Du kannst erbauen und zerstören.
Der eine will dich gerne hören,
Dem andern gehst du gegen' Strich,
Der findet dich ganz gruselich.
Die Geschmäcker sind verschieden
Und wenn einer unzufrieden -
Du, Mr. DJ, bist fein raus:
Hast eh nur was du magst im Haus.

Hey Mr. DJ – spiel's again!
Hey Mr. DJ – HipHop Jam!
Hey Mr. DJ – da am Pult!
Hey Mr. DJ – du bist Kult!

Verrenkst dich hinterm Plattenteller,
Drehst langsam ihn,
dann wieder schneller.
Balladen, Country, Soulmusik,
Geliebt-gehasste Hitfabrik,
Selbst Schlager darf so dann und wann
an uns're Kennerohren ran.

Hey Mr. DJ – spiel mal Cher!
Hey Mr. DJ – Metal her!
Hey Mr. DJ – und jetzt Punk!
Hey Mr. DJ – vielen Dank!

RUM SMASH

Tumbler, Eiswürfel

Glasrand mit einem
Limettenachtel abreiben/benetzen

4 cl Rum
2 cl Himbeerlikör (z.B. Chambord)
7 cl Apfelsaft
1/8 Limette

Beerendekoration
oder auch Cocktailkirsche

So lecker wie der beste musikalische Smash-Up-Mix!

★ *Bei der Begegnung mit einem »Unliebsamen Gast« hilft nur eines: freundlich und geduldig bleiben. Auf Dauer zwingt das jedes Exemplar dieser Spezies in die Knie!*

Vom unliebsamen Gast

Ihn erfreuen schafft wohl keiner,
Beschwerden hält er allgemeiner,
Der Laden ist ihm nicht geheuer
Und überhaupt alles zu teuer.

Das Bier ist schal, der Tisch zu schmal,
Das Lied nicht schön, die Bar obszön,
Die Klos nicht fein, zu warm der Wein,
Der Boden nass, nicht voll das Glas.

Wir erkenn'n ihn schon von ferne:
Hängemund und lacht nicht gerne.
Wird wohl der Miesepeter sein,
Kommt alle Naslang wieder rein.

Meckern ist sein großes Hobby,
Verbraucherschutz ist seine Lobby.
Macht er den Mund auf, ist schnell klar:
Ach! Alles hier ist unhaltbar.

Der Hocker in die falsche Richtung,
Vorn am Fenster fehlt die Dichtung.
So kalt ist ihm! Oder zu warm?
Das ist egal! Hauptsach': Alarm!

Wir erkenn'n ihn schon von ferne:
Hängemund und lacht nicht gerne.
Wird wohl der Miesepeter sein,
Unser geliebter Sonnenschein.

Wie's geht? Das sei nicht von Interesse.
Entscheidender, dass die Prozesse
Bei uns im Laden optimiert –
Denn wir sei'n nicht ambitioniert.

Er selbst, er kann das alles besser,
Rollt mit links die schweren Fässer,
Kann kalkulieren, wir wohl nicht,
Ist das, was er bevorzugt spricht.

Wir erkenn'n ihn schon von ferne:
Hängemund und lacht nicht gerne.
Null Sterne gibt's und obendrein
Lässt er das Trinkgeld Trinkgeld sein.

180 ZU 20

Ein Shot für alle Fälle!

Zutaten für 1,0 l:
0,4 l Fernet Brancamenta
0,1 l Zitronensaft
ein ordentlicher Schuss Absinth

mit Maracujasaft auffüllen

Wenn der Blutdruck steigt, serviere man dem Auslöser einen »180 ZU 20« als Shot.

Rache ist süß!

★ *So eine kleine Bar ist natürlich auch »das« Austauschzentrum für Neuigkeiten, Klatsch, Tratsch und Gerüchte. Hier erfahre auch ich manchmal über drei Ecken Dinge über mich selbst, die ich noch gar nicht wusste.*

Gerüchteküche

Was! Ich steh auf Frauen jetzt?!
Ach nein, war ich nicht schwer verletzt?
Quatsch, besser noch: Ich bin längst blank!
Die Info ist 'ne sich're Bank.
Berichtet jemand, der mich kannte –
Angeblich 'ne entfernte Tante –
Und die, echt wahr! – hat alles Wissen,
Um mich kreuz und quer zu dissen.

Mein Mann, der muss meschugge sein:
Wer lässt sich denn mit so was ein!
Wie ich ausseh! Was ich trag!
Wie ich niemandem behag!
Lügen, Klatsch, Abscheulichkeiten,
Lassen sich wunderbar verbreiten,
Bescheren einen Funken Lust
Im Dickicht voller Neid und Frust.

Und ob die Wahrheit oder nicht,
Das sagt dir gleich das rote Licht!
Denn Kam'rakind sind heute alle
Besonders halt in diesem Falle.

So sitz ich da und höre Sachen,
Die mich ganz betroffen machen.
Ich wusst' ja gar nicht, wie ich bin!
Am besten nehm' ich's einfach hin:
Wer grad kein Leben für sich sieht,
Wer selber keine Kreise zieht,
Urteilt am liebsten unbeseh'n,
Köpft and're im Vorübergehn.

Verheerend wird's, wenn, was gerochen,
dann auch noch BILDlich ausgesprochen.
Gedrucktes wird wohl Wahrheit sein –
So kriegt die Dummheit Anstand klein.
Mich stört's nicht mehr, ich mach mein Ding.
Und wenn ich jetzt darüber sing,
Kommt sicher bald, wie doof das sei –
Mir ist es gleich, ich bin so frei.

Und ob die Wahrheit oder nicht,
Das sagt dir gleich das rote Licht!
Denn Kam'rakind sind heute alle
Von Hamburg-City bis nach Malle,
Ja, Kam'rakind ist heute jöder,
Das macht die Menschheit nur noch blöder.

PIMM'S PUNCH

Longdrinkglas, Eiswürfel

5 cl Pimm's
1 Dash Zitronensaft
1 Dasch Orangenbitter
umrühren, mit Ginger Ale auffüllen

3-4 Gurkenzesten sowie eine
halbe Orangenscheibe ins Glas

Langer Strohhalm und Holzspieß

Kräutrig-herb
– und doch so erfrischend-fruchtig
wie eine aufregende Neuigkeit

★ *Ein Hausverbot ist die radikalste Maßnahme, den »Kasten sauber zu halten«. Als Gastgeberin lege ich großen Wert darauf, dass die Gäste einander respektvoll begegnen – so unterschiedlich sie auch sein mögen.*

Hausverbot

Manierlichkeit ist eine Zier,
Doch manch einer lebt ohne ihr:
Quatscht ander'n ständig laut dazwischen,
Muss jedem seinen Senf auftischen.
Und weiß – besonders nach drei Bieren –
Nicht anders als zu provozieren.

Von Mann zu Frau geht das meist so:
Mann fasst der Dame an den Po,
Bis deren wirklicher Galan
Bald nicht mehr an sich halten kann.

Boom! Bang!
Macht's dann nicht sehr viel später,
Der Hocker fliegt nen halben Meter –
Und schon wird ordentlich gekeult.
Das geht so lang, bis einer heult.
Frau Wirtin will jetzt gerne schlichten.
Gelingt ihr dies aber mitnichten,
Legt sie die rote Karte vor,
Die Stammgäste singen's im Chor:

Ab heute hat er Hausverbot!
Sein Status Quo: Getränkenot!
Ab heute darf er nicht mehr rein!
Ganz richtig ist's! So soll es sein.
Das musste ja mal so weit kommen,
Hat sich wieder nicht benommen.

Von Mann zu Mann geht es ganz ähnlich:
Einer kommt dem andern dämlich.
Mal reicht ein Wort, mal tut's ein Blick,
Schon hat Typ 1 die Faxen dick.
Er haut Typ 2 schnell eine rein –
Und schon fängt alles an zu schrei'n:

Ab heute hat er Hausverbot!
Sein Status Quo: Getränkenot!
Ab heute darf er nicht mehr stören!
Soll'n and're seine Sprüche hören!
Ist raus aus diesem heil'gen Bunde –
Es sei denn wohl, er schmeißt 'ne Runde.

BLOODY MARY

Longdrinkglas, Eiswürfel

5 cl Wodka
2 cl Zitronensaft
Tomatensaft
(Sellerie-)Salz & Pfeffer

Dazu werden traditionell
ein Stirrer/Löffel
(oder eine Stange Sellerie)
sowie Tobasco
und Worcestersauce gereicht

Rot & blutrünstig!

★ *Im Marmortresen der »parallelwelt« schimmert Elvis Presleys Silhouette wie eine »Marienerscheinung«. Ihm zu Ehren schenken wir unseren »Pelvis« aus, einen selbstkreierten Lakritzschnaps, schwarz wie Elvis' Tolle.*

Liebeserklärung an Elvis

Hüftschwung und Komödie,
Legende, doch Tragödie,
Mal Held der Zeit, mal schlecht beraten,
Ein Kind im Mann, doch groß geraten.

Den einen ziemtest du dich nicht,
Den andern liehst du dein Gesicht.
Junges Begehren, wilde Fahrt,
All das in deinem Backenbart.

Blue Suede Shoes und Jailhouse Rock,
Suspicious Minds und All Shook Up,
Return To Sender, That's All Right –
You Are Always On My Mind.

Für and're Mammon – dir ein Spiel,
Nahmst du stets schlicht was dir gefiel.
Warst niemals eins, chimärengleich,
Graceland vermintes Königreich.

Selbst Stammgast im Heartbreak Hotel,
Der Zirkus um Dich rum zu schnell.
Immer größer, immer weiter,
Zu viele Lichter, zu viel Reiter.

Blue Suede Shoes und Jailhouse Rock
Suspicious Minds und All Shook Up
Return To Sender, That's All Right –
Elvis always on my mind.

Warst du glücklich wo du warst?
Bist du glücklich wo du bist?
Der du den Schmerz mit Lachen paarst –
Auf dieser Welt wirst du vermisst.

VANILLA SKY

Tumbler, Eiswürfel

1 cl Amaretto
2 cl Kahlua
8 cl Milch
4 cl LICOR 43
1cl Wodka

mit den Eiswürfeln shaken
und in den Tumbler abseihen

Kurzer Strohhalm
Wer mag, kann für den besonderen »Kick«
noch 3–4 ganze Kaffeebohnen hinzugeben

**Elvis liebte Süßes –
mit diesem Drink
schicken wir ihm
Grüße in den Himmel!**

★ *Der so genannte »Horst« spielte die unrühmliche Hauptrolle in meinen ersten beiden Romanen. In der »parallelwelt« ist »Horst« unser schärfster Hausschnaps, mit Chili versetzt. Er bringt sogar echte Kerle zum Weinen!*

Lied für Horst

Ein Horst lässt so sich definieren:
Erst weiß er sorgsam zu brillieren –
Dann generiert er Herzensbruch,
Ist Wesen voller Widerspruch.

Die Auserwählte wird umgarnt.
Am Anfang ist Horst gut getarnt
Und erscheint als Gentleman,
Wie ein Prinz aus Buckingham.

Doch kaum hat Frau es zugelassen
Und beschlossen: das könnt' passen!
Währt's Glück nur mehr sekundenlang,
Denn Horst wählt jetzt den Rückwärtsgang.

Der erste Horst, der tut noch weh.
Genesung läuft da meistens zäh,
Und Frau beklagt in Elegien
Des Horstens horstig' Strategien.

Das Gute an Horst Zwei hingegen:
Jetzt ist Frau Horst schon überlegen.
Horst drei, Horst vier,
Horst fünf, Horst sieben
Fischen dann nur noch im Trüben.

So bricht die Sonne durch das Leiden:
Frau vermag den Horst zu meiden.
Sie weiß, da helfen keine Tricks:
Auf Horst, da reimt sich leider nix.

Der erste Horst, der macht noch Kummer,
Frau lernt jedoch aus dieser Nummer.
Und wählt künftig immer gerner:
Walter, Wolfgang oder Werner.

HORSTMEISTER

Tumbler, Eiswürfel

Vorab einige frische Chilischoten
in eine angebrochene Flasche Wodka geben
und diese mehrere Tage
– je nach Schärfewunsch
auch Wochen oder Monate –
darin ziehen lassen

4 cl Jägermeister
2 cl Chili-Wodka
2 cl Lime Juice

verrühren,
mit Mineralwasser auffüllen

Süßsaure Deko
mit Zitrone und Cocktailkirsche

**An Horstigkeit kaum zu überbieten
und schön scharf!**

★ *Wo könnte eine Beziehung melancholischer enden als am Tresen einer kleinen Bar? Allen Betroffenen sei zur Genesung die sofortige Lektüre des Gedichts »Liebesreigen« weiter vorn empfohlen.*

Rauchzeichen

Die dichten Schwaden ziehn
Wie Wolken durch den Raum,
Sie füllen und verbinden,
Ein blauer, sanfter Flaum.
Schon lange müsst ich gehn,
Der Morgen ist erwacht.
Du machst die Zeit still stehn
Mit dem was du gesagt.

Lass uns noch eine rauchen,
Die Zigarettenlänge noch.
Wenn wir uns nicht mehr brauchen,
Erinn'rung bleibt mir doch.

Die Liebe ist verblüht,
Du seufzt, es sei vorbei.
Das einz'ge, was noch glüht,
Ist deine Heuchelei.
Sprichst laut von einem Band,
Das sicher bleiben wird,
Nur dass der Fortbestand
Dich gar nicht int'ressiert.

Lass uns noch eine dampfen,
Gib nochmal zehn Minuten drauf,
Dann geh und wir entkrampfen
Den Diskussionsverlauf.

Wochen später sitz ich
Wie früher wieder hier.
Mein Gefühl war richtig –
Hast dich schlicht wegradiert.

Ich werd noch eine qualmen,
Der Zigarettenlänge Kunst:
Mein Wunsch, dich zu zermalmen,
löst bald sich auf im Dunst.

Ich werd noch eine quarzen,
Der Zigarettenlänge Kunst:
Mein Drang, dich zu verarzten,
löst sich dann auf im Dunst!

WHISKY SOUR

Tumbler, Eiswürfel

5 cl Whisky
3 cl Zitronensaft
2 cl Zuckersirup

shaken, auf Eiswürfel abseihen

Wer es besonders sauer mag,
erhöht den Zitronensaftanteil auf 4 cl

Kurzer Strohhalm,
2 Cocktailkirschen

Perfekter Drink
zur letzten Zigarette.

Sauer sein lohnt nicht –
sauer trinken hingegen schmeckt!

★ *Der Schwur nach einer durchfeierten Nacht: Nie wieder so unvernünftig sein! Er wird gebrochen – und das ist gut so. Unvernunft gehört zum lebendigen Dasein. Und den »Tag danach« – nun ja, den stehn wir durch.*

Alkoholallergie

Der Schädel brummt / Gehörgang summt
Die Augen rot / Und ich bin tot

Die Börse leer / Der Gang so schwer
Im Rock ein Loch / Wohl weil ich kroch

Das ist der Morgen danach,
Halt meinen Kater in Schach,
Schwor's zuvor hundertfach
Und bin mir jetzt sicher wie nie:
Hab Alkoholallergie.

Wollt wohl essen / Herd vergessen
In der Küche / Iiih-Gerüche

Kein Gemecker / Trotz Geklecker:
Badewanne / Säubert Pfanne

Ganz schlau ja schon / Doch Telefon
Wie von Sinnen / Auch mit drinnen

Das ist der Morgen danach,
Halt meinen Kater in Schach,
Schwor's zuvor hundertfach
Und bin mir jetzt sicher wie nie:
Hab Alkoholallergie

Zu viel Kippen / Raue Lippen
Grüne Nase / Volle Blase

Wer der Mann hier? / Wo das Haustier?
Und die Schuhe? / Nur die Ruhe

Das ist der Morgen danach.
Halt meinen Kater in Schach.
Schwor's zuvor hundertfach
Und bin mir jetzt sicher wie nie:
Hab wirklich Alkoholallergie
– bis zum nächsten Mal.
Prost!

LONG ISLAND ICE TEA

Longdrinkglas, Eiswürfel

2 cl Rum
2 cl Wodka
2 cl Gin
2 cl Triple Sec
4 cl Zitronensaft
1 cl Lime Juice
Dash O-Saft
mit Cola auffüllen

Langer Strohhalm,
ggf. Orangen- oder Zitronendekoration

Der Alkohol versteckt sich im Geschmack – das kann die »Alkoholallergie« am nächsten Morgen allerdings verstärken!

Tine Wittler, geboren 1973, ist eigentlich eine Nachteule – aber lebt in Hamburg trotzdem gleich mehrere produktive Leben: als Autorin, Gastronomin, Filmproduzentin, Modemacherin und Moderatorin. Mit ihrer Sendung »Einsatz in 4 Wänden« erhielt sie 2004 den Deutschen Fernsehpreis; ihr Dokumentarfilmdebüt »Wer schön sein will, muss reisen« wurde von der Filmbewertungsstelle FBW mit dem Prädikat: »Wertvoll« ausgezeichnet.

Die Gesamtauflage all ihrer Romane und Sachbücher beträgt bis heute über eine halbe Million Exemplare. Viele dieser Werke – oder zumindest Teile davon – sind am Marmortresen ihrer so heißgeliebten Bar »parallelwelt« entstanden. Die hier vorliegenden Texte aus ihrem Programm »LOKALRUNDE« hat Tine Wittler gemeinsam mit dem Hamburger Pianisten Greg Baker zu Chansons weiterverarbeitet und gibt nun auch ihr Debüt als Sängerin genau dort, wo sie sich am wohlsten fühlt: auf der Kleinkunstbühne – oder in schummrigen, kleinen Bars.

kontakt@parallelwe.lt

Liebe Leser,

wenn in der »parallelwelt« ein Gast den Laden
verlässt, danke ich ihm für seinen Besuch,
wünsche einen guten Heimweg und hoffe darauf,
ihn bald gesund und munter wiederzusehen.
Ihnen, die lesend Gast in diesem Büchlein sind,
sei an dieser Stelle ebenfalls gedankt – für Ihre
Aufmerksamkeit und das Wertvollste,
das Sie besitzen: Ihre Zeit.
Ich wünsche Ihnen, dass Sie diese
schon ganz bald einmal wieder an einem
Tresen Ihrer Wahl verbringen können
und sich dann vielleicht hier und da
mit einem Augenzwinkern
an die »Lokalrunde« zurückerinnern.
Und wer weiß: Vielleicht sehen wir uns
irgendwann persönlich am marmornen Tresen
in Hamburg – oder zu einem Lesungs- oder
Chansonabend in Ihrer Stadt!

Herzlich,

Pasta der